SACADMIN - logiciel de gestion budgétaire

Stéphane Henriod

SACADMIN - logiciel de gestion budgétaire

Développement d'un logiciel budgétaire pour un foyer de requérants d'asile - Utilisation de technologies libres et OpenSource

Éditions universitaires européennes

Mentions légales / Imprint (applicable pour l'Allemagne seulement / only for Germany)
Information bibliographique publiée par la Deutsche Nationalbibliothek: La Deutsche Nationalbibliothek inscrit cette publication à la Deutsche Nationalbibliografie; des données bibliographiques détaillées sont disponibles sur internet à l'adresse http://dnb.d-nb.de.
Toutes marques et noms de produits mentionnés dans ce livre demeurent sous la protection des marques, des marques déposées et des brevets, et sont des marques ou des marques déposées de leurs détenteurs respectifs. L'utilisation des marques, noms de produits, noms communs, noms commerciaux, descriptions de produits, etc, même sans qu'ils soient mentionnés de façon particulière dans ce livre ne signifie en aucune façon que ces noms peuvent être utilisés sans restriction à l'égard de la législation pour la protection des marques et des marques déposées et pourraient donc être utilisés par quiconque.

Photo de la couverture: www.ingimage.com

Editeur: Éditions universitaires européennes est une marque déposée de
Südwestdeutscher Verlag für Hochschulschriften GmbH & Co. KG
Dudweiler Landstr. 99, 66123 Sarrebruck, Allemagne
Téléphone +49 681 37 20 271-1, Fax +49 681 37 20 271-0
Email: info@editions-ue.com

Produit en Allemagne:
Schaltungsdienst Lange o.H.G., Berlin
Books on Demand GmbH, Norderstedt
Reha GmbH, Saarbrücken
Amazon Distribution GmbH, Leipzig
ISBN: 978-613-1-59254-6

Imprint (only for USA, GB)
Bibliographic information published by the Deutsche Nationalbibliothek: The Deutsche Nationalbibliothek lists this publication in the Deutsche Nationalbibliografie; detailed bibliographic data are available in the Internet at http://dnb.d-nb.de.
Any brand names and product names mentioned in this book are subject to trademark, brand or patent protection and are trademarks or registered trademarks of their respective holders. The use of brand names, product names, common names, trade names, product descriptions etc. even without a particular marking in this works is in no way to be construed to mean that such names may be regarded as unrestricted in respect of trademark and brand protection legislation and could thus be used by anyone.

Cover image: www.ingimage.com

Publisher: Éditions universitaires européennes is an imprint of the publishing house
Südwestdeutscher Verlag für Hochschulschriften GmbH & Co. KG
Dudweiler Landstr. 99, 66123 Saarbrücken, Germany
Phone +49 681 3720-310, Fax +49 681 3720-3109
Email: info@editions-ue.com

Printed in the U.S.A.
Printed in the U.K. by (see last page)
ISBN: 978-613-1-59254-6

TABLE DES MATIÈRES

1 Contexte général

1.1 Abréviations et sigles régulièrement utilisés

Abréviation	Définition	Catégorie
ARA	*Aide aux Requérants d'Asile:* subdivision de l'Hospice Genéral s'occupant de l'accueil et du suivi des requérants d'asile. Le foyer et l'unité de Saconnex, par exemple, dépendent de l'ARA.	métier
css	*Cascading Style Sheet:* langage utilisé pour décrire la présentation d'un document écrit en HTML ou en XML.	technique
GNU	*GNU's Not Unix:* au départ (1984), projet de développement d'un système d'exploitation libre compatible avec UNIX, puis nom donné à un type de licence fixant les conditions légales de distribution des logiciels du projet GNU.	technique
GNU GPL	*GNU General Public licence:* nom complet de la licence fixant le cadre légal de distribution de la plupart des logiciels libres.	technique
HG	*Hospice Général*	métier
MySQL	MySQL est un SGBD libre et gratuit distribué sous licence GPL.	technique
php	*php: Hypertext Preprocessor:* langage de script libre principalement utilisé pour être exécuté par un serveur HTTP.	technique
SGBD	*Système de Gestion de Bases de Données:* un SGBD permet l'accès aux informations d'une base de données, ainsi que leur manipulation (création, recherche, mise à jour, suppression, gestion des droits d'accès,...). Pour un utilisateur *lambda*, il est généralement nécessaire de construire une interface plus conviviale et plus spécifique (et donc aussi plus limitée).	technique

Tableau 1: Abréviations et sigles régulièrement utilisés

1.2 Genèse de ce travail

Dans le cadre de ce travail de mémoire, j'ai réalisé un outil de gestion budgétaire pour le foyer de requérants d'asile du Petit-Saconnex. Les fondements de ce projet remontent à l'été 2002, durant lequel j'y ai effectué mes 2 premiers mois de service civil. L'expérience m'a paru tellement enrichissante que je l'ai renouvelée l'été suivant, pour 4 mois.

Lorsque vint pour moi le moment de choisir un thème pour mon mémoire de bachelor en Systèmes d'information, j'ai décidé de contacter M. Pierre Dupasquier, directeur de ce foyer afin de déterminer avec lui quel type d'outil pourrait l'aider dans la gestion et l'administration de son centre. Il en est ressorti que son souci principal était le processus *création, gestion et mise à jour des budgets*. En effet, il doit gérer des budgets annuels sur différents comptes et à différentes échelles, tout en modulant la répartition de ses budgets de manière non linéaire dans le temps. Je lui ai donc proposé la création d'un logiciel qui lui permettra de s'acquitter de ces tâches autrement que par la mise à jour fastidieuse d'un fichier Excel. Ce logiciel se présente sous forme d'une base de données relationnelle MySQL dont l'administration est facilitée par une interface Web écrite en php. Il sera possible de créer des budgets, d'y attacher des transactions (recettes / dépenses) et de générer des rapports (*html*, *pdf* et *csv*).

1.3   Le foyer de Saconnex et l'Hospice Général

Le foyer de Saconnex est l'un des plus grands foyers destinés à l'accueil des requérants d'asile sur le canton de Genève. Il dépend de l'Hospice Général (ci-après *HG*), qui est subdivisé en unités regroupant elles-même différents foyers (ou *centres*). Le foyer de Saconnex appartient à l'unité Saconnex tout comme, par exemple, *Feuillasses* ou *Les Tilleuls*.

Image 1: Logo de l'HG

Le rôle fondamental d'un foyer est l'hébergement des requérants (familles et célibataires) de nationalités très diverses. Cependant, grâce aux idées et projets de M. Dupasquier, le foyer de Saconnex est également devenu un lieu de rencontre et d'animation. Il a en effet mis sur pied, en collaboration avec son équipe d'assistants sociaux, un *cybercafé*, une crèche, des cours de français (par les requérants et pour les requérants),... De telles activités sont évidemment très positives pour les résidents, mais elles entraînent inévitablement un accroissement des charges administratives que j'ai souhaité contribuer à réduire par mon travail.

En ce qui concerne la gestion budgétaire, M. Dupasquier doit donc assurer la planification et le suivi des budgets pour l'unité Saconnex ainsi que pour ses différents centres. Les budgets sont répartis sur plusieurs comptes, qui représentent des thématiques différentes de dépenses et de recettes (« Frais d'animation », « Achats électroménagers », « Achat outillage »,...) mais il dispose d'une grande marge de manoeuvre pour la répartition temporelle de ses budgets. Enfin, il doit rendre des comptes globaux à ses supérieurs hiérarchiques de l'HG.

L'utilité de mon logiciel dans ce contexte réside dans la possibilité de facilement moduler la répartition budgétaire: un budget de 12'000.- par année pour un compte peut facilement être divisé en tranches mensuelles inégales reflétant mieux la réalité de ses besoins. De plus, les rapports sont créés à la volée, ce qui permet de les avoir tout le temps à jour.

2 Technologies libres et open source

Les concepts *open source*, *logiciel libre*, *GNU*,... sont actuellement très à la mode dans le monde de l'informatique, mais sont encore souvent confondus ou utilisés abusivement. Etant donné que notre travail repose sur des technologies relevant du monde libre et/ou open source, nous allons commencer par expliquer la signification de ces termes, afin de limiter le risque d'ambiguïté. Comme nous allons le voir, au-delà de l'aspect purement informatique de ces nouvelles ressources, nous avons bien à faire à un nouveau modèle éthique et économique. En effet, la finalité du logiciel libre est d'affranchir l'utilisateur du pouvoir détenu par les développeurs de logiciels sous licences propriétaires, via la diffusion des codes sources des programmes et des standards. Les appellations *libre* ou *open source* ne peuvent donc être accordées à des projets que sous certaines conditions très précises que nous allons décrire ci-après. Nous commencerons donc par expliciter ces termes, puis nous préciserons les différences fondamentales entre *logiciel libre* et *logiciel open source*.

2.1 Définition des termes

2.1.1 Logiciel libre

Un logiciel libre est un logiciel qui peut être utilisé, copié, étudié, modifié et redistribué sans restriction. Pour mériter l'appellation de *libre*, un logiciel doit accorder 4 libertés à l'utilisateur:

- ✔ Liberté 0: liberté d'utiliser le logiciel, pour quelque utilisation que ce soit.
- ✔ Liberté 1: liberté d'étudier le fonctionnement du logiciel et de l'adapter à ses besoins propres. Cette liberté nécessite l'accès au code source.
- ✔ Liberté 2: liberté de pouvoir redistribuer librement le logiciel.
- ✔ Liberté 3: liberté d'améliorer le programme et de diffuser ces améliorations au public afin que l'ensemble de la communauté puisse en tirer avantage. Cette liberté nécessite l'accès au code source.

Il est à noter que l'appellation *logiciel libre* n'implique nullement la gratuité. En revanche, elle nécessite que le logiciel soit distribué sous une licence libre, dont l'une des plus populaires est la *licence générale publique GNU* écrite par Richard Stallman (cf. 2.1.3).

2.1.2 Open source

Le terme *open source* définit une licence décrite par l'*Open Source Initiative* et dont les principaux critères sont les suivants:

- ✔ Libre redistribution.
- ✔ Code source disponible.

✔ Travaux dérivés possibles.

L'open source a été inventé en 1998 en réaction au concept de *logiciel libre* dont l'appellation était vue comme ambiguë, tant le mot *libre* laisse supposer (à tort) qu'un logiciel obéissant à cette licence ne peut être distribué que gratuitement[1]. Cette apparente gratuité peut en effet être un facteur d'inquiétude auprès des entreprises qui peuvent y voir *a priori* un motif de pertes financières assez conséquentes.

2.1.3 GNU

Le projet GNU est lancé en 1984 par Richard Stallman, alors qu'il travaillait au laboratoire d'intelligence artificielle du MIT. Ayant pris conscience du danger lié à la logique propriétaire dans le monde de l'informatique, il décida de créer un système d'exploitation libre compatible avec UNIX. Il donna à ce projet le nom GNU, acronyme récursif signifiant *GNU's Not Unix*.

GNU est également le nom de la licence, écrite par Richard Stallman, sous laquelle sont distribués la plupart des logiciels libres. Elle est caractérisée par le concept du *copyleft* (*gauche d'auteur* en français), néologisme créé en opposition avec le traditionnel *copyright*. L'appellation anglophone est cependant plus précise que la francophone car, en plus du jeu de mot opposant *left* à *right*, on retrouve la notion de *copy left*, c'est-à-dire *copie laissée*, ou *copie autorisée*.

Image 2: Copyleft, logo

2.2 Distinctions entre « logiciel libre » et « open source »

Au vu de ces définitions, il semble malaisé de faire la différence entre ces deux concepts, apparemment très proches. En réalité, la distinction se situe plus au niveau de la philosophie et des motivations de départ qu'à celui de l'implémentation informatique. En effet, pour le mouvement open source, la question principale est de savoir quelle solution est la plus pratique et la plus rationnelle. Pour les adeptes du libre, *le logiciel non libre est un problème social et le logiciel libre en est la solution*[2]. En quelque sorte, ces deux approches sont séparées par une philosophie et des objectifs différents mais sont liées par une réponse identique à ces problématiques. Ainsi, ces deux mouvements antagonistes ne se considèrent mutuellement pas comme des ennemis, le seul ennemi étant commun aux deux et s'appelant *logiciel propriétaire*.

Selon Richard Stallman, la séparation en deux mouvements que tout devait pourtant rapprocher provient d'une certaine *peur de la liberté* ambiante dans notre société. Certains

---

1   Il est à noter que l'ambiguïté est bien plus prononcée en anglais, où le terme *free* signifie autant *libre* que *gratuit*.
2   Source: STALLMAN R., *Pourquoi « Free Software » est-il meilleur que « Open Source »?*, disponible sur
    http://www.gnu.org/philosophy/free-software-for-freedom.fr.html

développeurs de logiciels libres ont ainsi constaté qu'il était plus facile de vendre des logiciels libres (principalement à des entreprises) si l'on évitait de trop mentionner la liberté et les aspects éthiques et sociaux. Ils ont donc préféré axer leur discours sur les avantages pratiques de ces technologies et ont donc inventé un nouveau concept, celui d'*open source*. Le discours de Stallman est bien plus large: pour lui, le passage des utilisateurs du monde propriétaire vers le monde libre est une bonne chose mais pas une finalité en soi. En effet, bon nombre d'entre eux font ce choix pour des raisons pragmatiques, ce qui signifie qu'ils pourraient très bien retourner vers des solutions propriétaires si celles-ci leur apportaient à leur tour un confort d'utilisation supérieur ou des performances accrues. La seule manière d'empêcher ce retour en arrière est précisément de parler des problèmes de liberté associés au monde propriétaire.

Pour comprendre la raison de l'existence de ces deux termes, il est donc fondamental de réaliser, en premier lieu, que nous avons à faire, d'une part, à une vision de société réclamant affranchissement et liberté et, d'autre part, une vision purement informatique et pragmatique visant à répondre à des problèmes avec une efficacité maximale. La réponse à ces deux visions étant la même pour les deux communautés, nous comprenons aisément que les utilisateurs aient parfois du mal à s'y retrouver.

Un autre critère, plus officieux, sépare encore les deux approches: la définition de *open source* est passablement moins restrictive que celle *logiciel libre*, ce qui induit que certaines licences peuvent respecter la définition de l'open source sans être acceptable pour celle du libre. Ainsi, certaines distributions de Linux intègrent des packages propriétaires qui sont souvent vues par les utilisateurs comme un avantage alors que, pour Stallman, il s'agit plutôt d'un retour en arrière.

3 Méthodes de travail

3.1 Le projet pas-à-pas

Le calendrier de mon travail s'est articulé autour de 6 étapes:

1. Elaboration d'un document présentant mes besoins (réalisation d'un travail de mémoire), mes idées (développement d'une application d'aide à la gestion administrative du foyer de Saconnex) et l'architecture informatique envisagée.

2. Présentation de ce document à M. Dupasquier. Il est intéressé par le projet, nous fixons un rendez-vous pour en définir les objectifs et limites.

3. Lors de ce rendez-vous, il est décidé que le point primordial est la gestion budgétaire. D'autres fonctionnalités (gestion du matériel, gestion des compétences des résidents,...) pourront être envisagées dans un second temps en fonction des ressources à disposition. M. Dupasquier m'explique le workflow budgétaire et me montre les documents qu'il utilise actuellement.

4. Modélisation de la base de données *MySQL*, développement *php* et début de la rédaction du présent rapport. Des tests non exhaustifs permettant de dénicher les principaux bugs sont réalisés au fur à mesure de la conception, dès qu'un module est opérationnel.

5. Présentation de la première version du logiciel (modules d'administration du logiciel et de gestion budgétaire) à M. Dupasquier. Tests complets.

6. Formation des utilisateurs et installation du système au sein du foyer de Saconnex.

3.2 Aspects techniques

La première caractéristique de SACADMIN est d'être une application de type client-serveur. Auparavant, la gestion des budgets s'effectuait sur des fichiers Excel dont la mise à jour peut être délicate si différents utilisateurs doivent les utiliser. En effet, si le fichier *budget.xls* se trouve sur un disque partagé, il ne peut être accédé en écriture que par une seule personne à la fois. De plus, si un utilisateur utilise le fichier en lecture seule pendant qu'un autre le modifie, il ne bénéficiera pas de mises à jour instantanées. Avec SACADMIN, une unique source de données est accessible simultanément en écriture par tous les utilisateurs autorisés et la mise à jour des informations (reports par exemple) est instantanée.

Son second aspect particulièrement marquant est son interface Web. Ce choix a été opéré pour deux raisons principales:

1. Le développement a pu être grandement allégé par le fait que SACADMIN n'a pas à gérer les questions de communication client-serveur. En effet, celles-ci sont réglées par le navigateur Internet du client et par le serveur HTTP. En cas d'utilisation en-dehors de l'intranet, on peut même facilement envisager l'implémentation d'un protocole de cryptage des échanges, de type SSL.

2. Côté utilisateur, il n'est pas nécessaire d'installer quoi que ce soit sur les postes clients. Potentiellement, n'importe quel poste disposant d'un navigateur et ayant accès au serveur (via Internet ou Intranet) peut être un poste client de SACADMIN. L'authentification ne se situe donc pas au niveau du poste mais au niveau du compte utilisateur. Ainsi, SACADMIN fonctionnera de manière identique, même en cas de modification de la configuration des postes des utilisateur. On peut donc envisager sereinement une migration de Windows XP à Linux sans redouter de quelconques difficultés.

Concernant les outils et technologies utilisés, veuillez vous référer au chapitre 8.

4 SACADMIN: modélisation

4.1 Tables, champs, clés, dépendances

Voici tout d'abord une liste des tables de la base de données de SACADMIN avec les détails des champs, des clés (primaires et uniques) et des dépendances de tables (clés étrangères):

user
    id_user int(3) auto_increment
    login_user varchar(10)
    pass_user varchar(32)
    PRIMARY (id_user)
    UNIQUE (login_user)

unite
    nomUnite varchar(50)
    PRIMARY (nomUnite)

centre
    nomCentre varchar(30)
    uniteMere varchar(50) NOT NULL
    PRIMARY (nomCentre)

    uniteMere REFERS unite.nomUnite ON DELETE CASCADE ON UPDATE CASCADE

compte
    noCompte int(11) not null
    libelleCompte varchar(100)
    PRIMARY (noCompte)

budgetcentre
    ID int(11) auto-increment
    nomCentre varchar(30)
    noCompte int(11)
    dateDebut date DEFAULT '1901-01-01' not null
    dateFin date DEFAULT '1901-01-01' not null
    montantBudgetCentre double not null
    commentaire text
    PRIMARY (ID)

    nomCentre REFERS centre.nomCentre ON DELETE CASCADE ON UPDATE CASCADE
    noCompte REFERS compte.noCompte ON DELETE CASCADE ON UPDATE CASCADE

budgetunite
    ID int(11) auto-increment
    nomUnite varchar(30)
    noCompte int(11)
    dateDebut date DEFAULT '1901-01-01' not null
    dateFin date DEFAULT '1901-01-01' not null
    montantBudgetUnite double not null
    commentaire text
    PRIMARY(ID)

    nomUnite REFERS unite.nomUnite ON DELETE CASCADE ON UPDATE CASCADE
    noCompte REFERS compte.noCompte ON DELETE CASCADE ON UPDATE CASCADE

mouvementscentre

idMouvement int(5) auto_increment
dateMouvement date DEFAULT '1901-01-01' not null
montantMouvement double not null
nomCentre varchar(30) not null
noCompte int(11) not null
commentaire text
budgetRecepteur int(11) not null
PRIMARY (idMouvement)

nomCentre REFERS budgetCentre.nomCentre ON DELETE CASCADE ON UPDATE CASCADE
noCompte REFERS budgetCentre.noCompte ON DELETE CASCADE ON UPDATE CASCADE
budgetRecepteur REFERS budgetCentre.ID ON DELETE CASCADE ON UPDATE CASCADE

mouvementsunite

idMouvement int(5) auto_increment
dateMouvement date DEFAULT '1901-01-01' not null
montantMouvement double not null
nomUnite varchar(30) not null
noCompte int(11) not null
commentaire text
budgetRecepteur int(11) not null
PRIMARY (idMouvement)

nomUnite REFERS budgetUnite.nomUnite ON DELETE CASCADE ON UPDATE CASCADE
noCompte REFERS budgetUnite.noCompte ON DELETE CASCADE ON UPDATE CASCADE
budgetRecepteur REFERS budgetUnite.ID ON DELETE CASCADE ON UPDATE CASCADE

> ATTENTION: quelques autres règles d'intégrité sont inscrites dans le code php et non dans la base elle-même, vu la faiblesse de MySQL pour gérer les triggers pour l'instant. Il est donc primordial d'être particulièrement attentif à ces règles de gestion dans le codage. En particulier, il faut tenter de prévoir le maximum de cas non-conventionnels possibles, ce qui passe par une phase de tests exhaustive indispensable au développement correct du logiciel.

4.2 Explications spécifiques sur les différentes tables

4.2.1 user

Cette table stocke les utilisateurs de la base de donnée. Etant donné la faible complexité du logiciel et le nombre réduit d'utilisateurs, il a été décidé, du moins dans un premier temps, d'octroyer les mêmes accès à tous les users plutôt que de définir des profils différents, type *lecture seule, administrateur,...* Ce choix simplifie grandement le codage et la maintenance du logiciel, tout en rendant plus rigide l'accès à la base: soit l'utilisateur peut y accéder, soit il ne peut pas; il n'y a pas de situations intermédiaires qui pourraient plus facilement contenir des failles et des portes dérobées involontaires.

Le login est défini comme clé unique pour éviter les doublons, et le mot de passe est stocké sous forme d'un hash *md5* afin de garantir sa confidentialité. Ainsi, même l'administrateur de la base de données n'est pas en mesure de connaître le mot de passe des utilisateurs. Si un utilisateur venait à oublier son mot de passe, la seule solution serait de modifier ce dernier.

L'utilisation d'un *id* comme clé primaire (plutôt que *login_user*) permet de garder une trace (certes peu précise) des créations et suppressions d'*ids*. Il sera uniquement utile à l'administrateur de la base de donnée car il n'apparaît pas directement dans l'interface utilisateur.

4.2.2 unite

Cette table est composée d'un seul champ, *nomUnite*, qui en est également la clé primaire. En effet, dans la pratique, les différentes unités sont distinguées par leur nom, et il n'est donc pas nécessaire de créer artificiellement un autre identifiant, de type *ID*.

4.2.3 centre

De même que pour les unités, les centres sont également différenciés par leur nom. C'est donc ce dernier qui sert de clé primaire, pour les même raisons que ci-dessus. Le second champ, *uniteMere*, est un champ obligatoire qui permet de lier un centre à son unité. Il a été rendu obligatoire pour éviter que des centres ne se retrouvent orphelins, et il est lié à la table *unite* en tant que clé étrangère. Ainsi, la modification du nom d'une unité se répercute sur le champ *uniteMere* de tous les centres lui appartenant. De même, la destruction d'une unité détruit du même coup tous les centres en-dessous d'elle.

4.2.4 compte

Les comptes sont les postes sur lesquels se répartissent les budgets et les mouvements de caisse. Il sont distingués les uns des autres par un numéro et un libellé. Etant donné que les libellés peuvent être des chaînes assez longues contenant des caractères spéciaux [',^,~,...] il a été jugé bien plus sûr d'utiliser les numéros de compte comme clé primaire et de de ne considérer les libellés que comme du texte simple.

4.2.5 budgetcentre

Les budgets sont identifiés par un ID unique s'auto-incrémentant à chaque nouvel enregistrement. De cette manière, une très grande latitude est laissée à l'utilisateur, qui peut créer des budgets différents pour un même compte et un même centre, à des dates identiques sans voir surgir de message d'erreur. On aurait pu rigidifier le processus en utilisant, comme clé primaire, les champs *nomCentre, noCompte, dateDebut* et *dateFin*, mais d'autres problèmes seraient alors apparus. Regardons le scénario en 3 étapes ci-dessous et étudions, pour chacune des 2 modélisations possibles, les avantages et inconvénients.

1. L'utilisateur crée un budget pour le centre *Saconnex*, pour le compte *0000001* entre le 1er janvier 2000 et le 29 février 2000.

2. L'utilisateur crée un autre budget pour le centre *Saconnex*, toujours pour le compte *0000001*, et toujours entre le 1er janvier 2000 et le 29 février 2000 (soit il a oublié qu'il a déjà créé ce budget, soit il souhaite réellement en créer une autre instance qui ne ne sera distinguable que par le commentaire et le montant).

3. L'utilisateur crée un autre budget pour le centre *Saconnex*, toujours pour le compte *0000001*, mais entre le 1er janvier 2000 et le 28 février 2000 (il a oublié que 2000 est une année bissextile, par exemple).

Voici le comportement du logiciel, si les champs *nomCentre, noCompte, dateDebut* et *dateFin* ont été définis comme clé primaire:

1. Le budget initial est créé.

2. Ce second budget n'est pas créé car un autre enregistrement avec le même identifiant existe déjà.

3. Ce troisième budget est créé alors qu'il résulte manifestement d'une erreur de la part de l'utilisateur.

Voici le comportement avec la modélisation choisie, à savoir avec un champ *ID* comme clé primaire:

1. Le budget initial est créé avec un ID = 1

2. Le second budget est créé avec un ID = 2

3. Le troisième budget est créé avec un ID = 3

La première modélisation a l'avantage d'empêcher les doublons évidents. Cependant, cette technique entraîne deux problèmes majeurs:

✔ Si l'utilisateur souhaite réellement créer 2 budgets qui semblent identiques au SGBD, il n'en a pas la possibilité,

✔ s'il crée un doublon qui n'en est pas un pour le SGBD (3ème étape de notre scénario), cette erreur n'est pas signalée.

Ainsi, les éventuelles erreurs de l'utilisateur ne sont pas toutes traitées de la même manière.

La seconde modélisation (celle que nous avons retenue), elle, accepte toutes les entrées de l'utilisateur et repousse le contrôle et la suppression des éventuelles erreurs à une étape ultérieure du processus budgétaire (cf. 4.2.7). Cette modélisation nous paraît plus consistante car tous les cas se trouvent sur un pied d'égalité et le SGBD ne tente donc pas, à ce moment, de réfléchir à la place de l'utilisateur.

La raison de notre choix paraît alors évidente: en laissant une grande marge de manoeuvre lors de la saisie des budgets, on s'assure:

✔ que l'utilisateur ne soit pas bloqué s'il doit effectivement, pour une raison ou une autre, créer plusieurs budgets apparemment identiques[3] et,

✔ qu'il n'y ait pas de discrimination entre les erreurs.

En effet, sans recourir à l'*ID*, nous avons constaté que seule l'une des erreurs potentielles est relevée par le SGBD. Or, nous préférons opter pour une solution consistante et au comportement prévisible. Nous aurions pu, bien évidemment, anticiper le cas n°3 par l'écriture d'une procédure embarquée dans le SGBD ou par un trigger, mais MySQL ne supportant les triggers que depuis la version utilisée ici (5.0.15), leur support et leur robustesse n'ont pas été jugés suffisants et nous avons alors préféré nous abstenir de les utiliser. De plus, les triggers pris en charge ne sont pour l'instant que très rudimentaires, et avec d'importantes limitations[4]:

✔ Un seul trigger du même type (before/after insert ...) par table

✔ Impossibilité de lever des erreurs

✔ Impossibilité d'appeler des procédures stockées depuis le trigger

✔ ...

De plus, nous avons également préféré éviter de simuler un trigger directement dans le code php tant cette technique aurait pu être sensible aux comportements inhabituels ou non prévus.

Notre utilisateur aura donc une très grande liberté lors de la création des budgets, sans risquer de générer de conflits au niveau de la base. Quelles que soient les informations qu'il rentre, il n'y aura jamais de problème de doublons car, dans l'interface, il n'a aucun contrôle sur l'identifiant. Par la suite, lorsque l'utilisateur enregistrera un mouvement de caisse, le logiciel lui proposera la liste des différents budgets pouvant accepter son mouvement (en fonction de la date, du compte et du centre/unité sélectionnés), et il choisira celui qui lui convient. Ainsi, s'il crée une dépense pour le centre *Saconnex*, pour le compte *0000001*, le 15 janvier 2000, le logiciel lui affichera le détail des 3 budgets que nous avons vus ci-dessus et il pourra alors choisir celui auquel il souhaite attacher le mouvement de caisse. Il se rendra également compte du pseudo-doublon et pourra alors détruire si nécessaire le budget surnuméraire.

Précisons cependant que certaines précautions ont tout de même été prises dans le codage de la fonction permettant de créer un budget: si un utilisateur tente de créer un budget exactement identique à un budget déjà existant, l'action n'est pas réalisée et un message

---

3 Ces budgets apparemment identiques pourraient, par exemple, être distingués par une note dans le commentaire.

4 Source: http://www.developpez.com et http://mysql.gilfster.com/page.php?parent_id=2&page_id=2.0.5

d'erreur l'en informe. En effet, il ne nous a pas semblé pertinent d'autoriser une telle action qui, surtout, peut résulter d'une actualisation involontaire de la page en cours du browser de l'utilisateur. Si ce dernier presse par erreur la touche F5 après avoir créé un budget, son navigateur va lui demander s'il souhaite *renvoyer les données de type POST*. S'il répond *oui*, la requête SQL sera à nouveau exécutée par le serveur, ce qui, sans la vérification, aurait pour effet de créer à nouveau le même budget.

Notons enfin que les champs *nomCentre* et *noCompte* sont des clés étrangères des tables *centre* et *compte*. En cas de modification du nom d'un centre ou d'un compte, la modification est automatiquement transmise à la table *budgetcentre*. De même, en cas de suppression d'un centre ou d'un compte, les budgets attachés sont également supprimés.

4.2.6   budgetunite

Mêmes remarques que 4.2.5. La modélisation est en effet la même, mais les enregistrements sont faits au niveau de l'unité.

4.2.7   mouvementscentre

Pour les mouvements de caisse, le choix de l'identifiant a été bien plus facile à opérer. En effet, il est tout à fait possible d'avoir plusieurs achats et/ou recettes à la même date, pour un même centre et un même compte. Par conséquent, la clé primaire devait être impérativement basée sur un ID indépendant du reste des informations stockées.

Les champs *nomCentre, noCompte* et *budgetRecepteur* référencent tous les 3 la table *budgetcentre* et non pas, respectivement, *centre, compte* et *budgetcentre*. Ainsi, on s'assure que, pour chaque enregistrement d'un mouvement de caisse, on peut trouver au moins une correspondance dans un budget existant.

Notons que, lors de la création d'un mouvement de caisse, l'utilisateur a la possibilité, dans la même transaction, d'enregistrer une recette et/ou une dépense. S'il remplit les 2 champs, 2 enregistrements seront créés dans la table: un avec la recette (valeur positive) et un avec la dépense (valeur négative). On garde ainsi un historique de la totalité de la transaction, en ne condensant pas les 2 mouvements en un seul (de type: *mouvement_total = recette – dépense*).

4.2.8   mouvementsunite

Mêmes remarques que 4.2.7. La modélisation est en effet la même, mais les enregistrements sont faits au niveau de l'unité.

4.3 Schémas de conception de la base de données

4.3.1 Schéma conceptuel de la base de données

En premier lieu, voici le schéma conceptuel de la base de données, réalisé sous DBDesigner 4. Dans ce schéma, nous trouvons les différentes classes, avec leurs champs, clés primaires, clés uniques et clés étrangères respectives.

De plus, les clés étrangères sont également matérialisées par des liens reliant les classes concernées. Par exemple la table *centre* et la table *unite* sont reliées par un lien de type *appartientA*. Ce schéma sert de base à la modélisation de la base de données et il permet également d'avoir un bon aperçu des classes et des liens, dans une optique de maintenance de la base.

4.3.1.1 Précisions sur l'outil utilisé

DBDesigner4 est un puissant outil de développement pour la conception de bases de données, développé et distribué sous licence GPL par la société fabFORCE.net. Il permet tout d'abord de modéliser les bases de données de façon graphique, mais, une fois la modélisation effectuée, il est également possible de la créer et la maintenir. Il peut aussi se connecter directement à une base existante (locale ou distante), de type *MySQL, Oracle, SQLite,...* afin de générer son schéma conceptuel et, éventuellement, de le modifier graphiquement.

Il est disponible gratuitement à cette adresse: http://fabforce.net/dbdesigner4

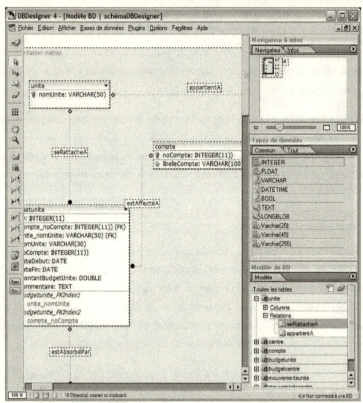

Image 3: Interface de DBDesigner4

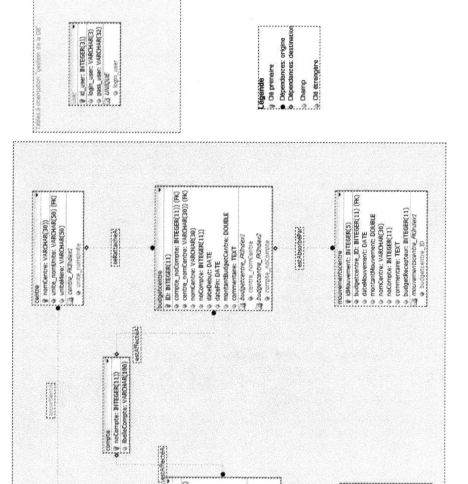

Schéma 1: Schéma conceptuel de la base de données de SACADMIN [modélisation statique]

4.3.2 Diagramme d'activité

Le diagramme d'activité permet de décrire graphiquement un processus. Nous décrivons ici les principales étapes du processus budgétaire, qui est composé des évènements suivants:

1. Création d'un budget (obligatoire)

2. Création d'une transaction et lien sur un budget (obligatoire)

3. Destruction / modification de budget (non-obligatoire)

4. Création de rapport (non-obligatoire)

Nous avons volontairement omis les évènements *modification / suppression d'une transaction, recherche d'une transaction, recherche d'un budget*,... pour ne pas alourdir le schéma. Grâce au diagramme d'activité, on constate clairement que la première étape est toujours de créer un budget. Dès que ce dernier est créé, il est possible d'y attacher une transaction, de le modifier, de le supprimer ou encore d'en créer un rapport.

4.3.2.1 *Précisions sur l'outil utilisé*

Ce graphe a été réalisé sous Microsoft Visio 2003. MS Visio est un produit de la suite Microsoft Office permettant de réaliser des graphiques de divers types. Ainsi, il offre des symbologies relatives à différents types d'activité: modélisation de base de données, cartographie sommaire, génie électrique, génie mécanique, génie logiciel, réseau,...

Notons que la principale alternative libre à Visio est le projet *Dia* (http://www.gnome.org/projects/dia).

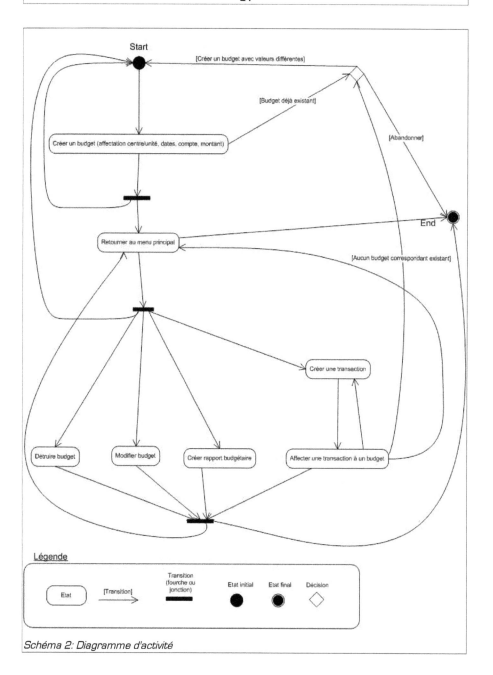

Start

[Créer un budget avec valeurs différentes]

[Budget déjà existant]

[Abandonner]

Créer un budget (affectation centre/unité, dates, compte, montant)

End

Retourner au menu principal

[Aucun budget correspondant existant]

Créer une transaction

Détruire budget

Modifier budget

Créer rapport budgétaire

Affecter une transaction à un budget

Légende

Etat

[Transition]

Transition (fourche ou jonction)

Etat initial

Etat final

Décision

Schéma 2: Diagramme d'activité

5 Cas d'utilisation: questions / réponses, modélisation UML

5.1 Use Cases

5.1.1 Acteurs

Voici une liste des différents acteurs pouvant être amenés à interagir d'une façon ou d'une autre avec SACADMIN. En réalité, ces acteurs virtuels sont plutôt des rôles car une seule personne peut occuper plusieurs positions (et donc avoir différents rôles).

Administrateur: il s'occupe de la gestion des centres, des unités et des comptes

Administrateur SACADMIN: il gère les droits d'accès à SACADMIN

Gestionnaire budgétaire: il crée (et, éventuellement, modifie et détruit) des budgets

Gestionnaire des finances: il saisit les transactions et les affecte à des budgets existants

Rapporteur: il est chargé de fournir des rapports budgétaires à sa direction

Direction: alloue à l'administrateur les méta-budgets qui seront découpés en budgets par le gestionnaire budgétaire. La direction n'a pas de contact direct avec SACADMIN mais c'est elle qui fournit les inputs initiaux et qui réclame les outputs finals.

5.1.2 Use Case n°1: répartition temporelle des budgets

5.1.2.1 Description du problème

Le gestionnaire budgétaire reçoit de sa direction une somme d'argent allouée à un compte et à un centre ou une unité. Il est chargé de répartir cette somme sur des intervalles de temps plus courts, afin que les budgets correspondent le mieux possible à la réalité de la distribution temporelle des recettes et dépenses.

Déclencheur: allocation d'une somme d'argent

Résultat: répartition logique de la somme

5.1.2.2 Exemple de scénario

Le gestionnaire budgétaire du centre de Saconnex reçoit, pour l'année 2006, un budget de 8'000.- pour ses achats électroménagers. Il souhaite pouvoir effectuer une répartition inégale de cette somme sur les 12 mois de l'année civile. En effet, deux cuisinières sont tombées en panne au mois de décembre 2005, et il faut impérativement les remplacer courant janvier.

5.1.2.3 *Réponse apportée par SACADMIN*

La première étape est de déterminer quel découpage est le plus pertinent, en fonction de la somme allouée et du type de transactions. Le gestionnaire pourra ainsi décider de découper son méta-budget en 12 budgets mensuels ou en 2 budgets semestriels, par exemple.

Par la suite, il doit déterminer empiriquement comment répartir la somme globale sur ces budgets. Pour ce faire, il peut étudier les rapports des années précédentes (cf. 6.1.2.3) et / ou rechercher les transactions similaires (cf. 6.1.2.2.2) à celles qu'il projette de budgétiser pour l'année courante afin d'estimer plus précisément les coûts de ses achats.

Une fois sa répartition effectuée, il peut créer ses budgets dans SACADMIN.

5.1.3 Use Case n°2: création et gestion des rapports

5.1.3.1 *Description du problème*

Le rapporteur doit régulièrement présenter des comptes à sa direction. Pour ce faire, il a donc besoin de rapports dynamiques permettant d'avoir instantanément une vue synthétique de l'état d'un budget. De plus, il doit pouvoir travailler sur ces rapports (mise en page, combinaisons de rapports concernant plusieurs budgets,...).

Déclencheur: nécessité de présenter des comptes

Résultat: présentation des comptes

5.1.3.2 *Exemples de scénario*

Scénario 1: La direction demande au rapporteur de lui fournir dans les plus brefs délais, pour contrôle, l'état actuel de ses budgets, bien que la période comptable habituelle ne soit pas terminée. Il a donc besoin d'un outil lui permettant de créer instantanément un document présentant une vue claire de ceux-ci, sans avoir à s'embarrasser de mise en page ou autre.

Scénario 2: La fin de l'année approche, le rapporteur doit boucler ses comptes. Il sait qu'il devra présenter la clôture de ses comptes au niveau des méta-budgets. Il doit donc disposer d'un outil lui permettant d'extraire les données de ses budgets sous une forme suffisamment brute pour qu'elles puissent être retravaillées dans un logiciel spécialisé (de type tableur).

5.1.3.3   Réponse apportée par SACADMIN

Dans les 2 cas, le rapporteur n'a besoin que d'une unique information: l'ID du budget pour lequel il souhaite établir son rapport. Comme cette donnée n'est généralement pas connue, il dispose de l'outil de recherche / modification de budget (cf. 6.1.2.1.2) qui lui permet de retrouver l'ID d'un budget grâce à un certain nombre de critères de recherche.

Une fois cet ID connu, il peut se rendre dans le module de création de rapports (cf. 6.1.2.3) et afficher ce dernier au format *html*. S'il doit transmettre rapidement l'état de ce budget à un supérieur ou à un collaborateur il choisira l'export au format *pdf*, qui a l'avantage d'avoir une mise en page robuste et de pouvoir facilement être imprimé et / ou envoyé par e-mail (scénario 1),. En revanche, s'il souhaite effectuer des statistiques, élaborer sa propre mise en page ou encore fusionner différents budgets (pour retrouver l'état du méta-budget, par exemple), il préférera l'export au format *csv* et traitera son rapport avec un tableur (Excel, OpenOffice Calc,...) ou un gestionnaire de bases de données bureautique (Access, OpenOffice Base,...) (scénario 2).

5.1.4   Diagramme des cas d'utilisation

Ci-dessous, le diagramme des cas d'utilisation, réalisé avec une version d'évaluation de *Rational Rose 4.0.* le diagramme des cas d'utilisation permet d'avoir un bon aperçu des interactions entre les utilisateurs, entre les utilisateurs et le système, entre le système et son environnement,...

5.1.4.1   Précisions sur l'outil utilisé

Rational Rose d'IBM est le leader mondial en matière de modélisation UML. Il permet, tout comme DBDesigner4, de créer différents types de diagrammes UML (classe, objet, composant, cas d'utilisation,...) et propose un portage automatique des diagrammes réalisés vers Java, Delphi, Oracle,... En revanche, il n'est pas open source, et nécessite (en-dehors de sa version d'évaluation) l'achat d'une licence très coûteuse.

Plus d'informations sur: http://www-306.ibm.com/software/fr/rational

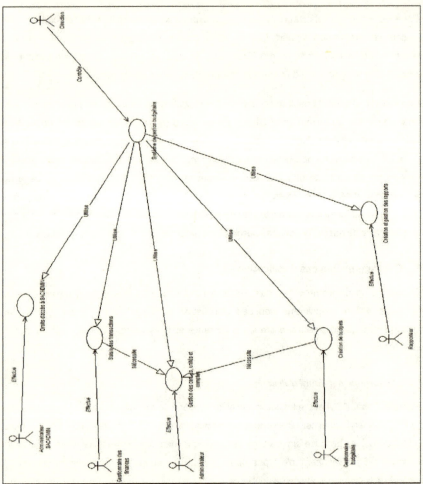

Schéma 3: Diagramme des cas d'utilisation

6 Description détaillée du programme

6.1 Fonctionnement général

Le logiciel SACADMIN est un logiciel de gestion budgétaire de type client-serveur, écrit en php et dont les informations sont stockées dans une base de données MySQL. Sur le serveur tournent:

✔ Une base de données MySQL,

✔ un serveur HTTP Apache,

✔ l'interpréteur php, intégré en tant que module d'Apache.

Ainsi, il n'est nécessaire d'installer aucun logiciel spécifique sur le poste client, pour autant que celui-ci soit déjà pourvu d'un browser web (de préférence Mozilla Firefox 1.5 ou plus récent) et d'une connexion réseau permettant d'accéder au serveur.

Côté serveur, le choix du système d'exploitation est libre car les 3 outils ci-dessus peuvent tourner tout aussi bien sur Windows que sur n'importe quelle distribution classique de Linux. Linux pourrait cependant être préféré pour des questions de performance et de sécurité. Côté client, la liberté est même encore plus grande car il est même possible de changer de système d'exploitation sans nécessiter aucun changement dans la paramétrisation ou dans l'utilisation du logiciel.

L'accès à chaque page du logiciel est restreint par un système d'authentification *login / mot de passe*. Ainsi, il est par exemple impossible d'accéder au logiciel sans s'être authentifié au préalable, même si l'on connaît l'URL d'une page autre que la fenêtre d'accès. En revanche, une fois l'authentification établie, une session est ouverte et le reste tant que l'utilisateur ne clique pas volontairement sur le bouton *logout* ou ne ferme pas toutes les fenêtres de son navigateur[5].

6.1.1 Menu *administration*

Ce menu offre 4 modules qui permettent la gestion des utilisateurs, centres, unités et comptes. Voici le détail des possibilités offertes par ces modules:

---

5   Une session peut également être terminée après un certain *timeout*, selon la configuration d'Apache.

Module	Possibilités
utilisateur	créer, supprimer
centre	créer, supprimer, renommer, déplacer dans une autre unité
unité	créer, supprimer, renommer
compte	créer, supprimer, renommer

Tableau 2: Fonctionnalités de l'outil "Administration"

NB: la destruction d'un compte, d'un centre ou d'une unité entraîne la suppression automatique de tous les budgets et de toutes les transactions qui en dépendent.

Ce menu ne présente pas de de problèmes particuliers et ne nécessite donc pas d'explication supplémentaire.

6.1.2 Menu *finances*

Le menu *finances* offre, lui, des modules plus complexes. Il permet de gérer des budgets, des entrées/sorties et des rapports budgétaires. Voici le détail des possibilités offertes par ces modules:

Module	Possibilités
budget	créer, modifier, supprimer
entrée/sortie	créer, rechercher, supprimer
rapport	créer (aux formats *html*, *csv* et *pdf*), trier les données

Tableau 3: Fonctionnalités de l'outil "Finances"

NB: la destruction d'un budget détruit toutes les entrées/sorties qui en dépendent.

Nous allons décrire ci-dessous chacun de ces modules.

6.1.2.1 Budgets

Pour comprendre ce module, il est nécessaire d'apporter une petite précision au concept de *budget* dans SACADMIN. D'un point de vu global, le foyer de Saconnex (tout comme l'unité éponyme) reçoit de l'argent de la part de l'HG pour couvrir ses différents frais. Ces budgets sont répartis par le responsable administratif du centre ou de l'unité selon un découpage généralement non-linéaire. Ainsi, il se peut qu'un budget de 12000.- pour une année ne se traduise pas, dans la pratique, par des budgets intermédiaires de 1000.- par mois. Dans ce cas, le gestionnaire de budgets d'un centre a donc la possibilité de créer 12 budgets mensuels avec des montants différents à chaque fois. Chacune de ces 12 subdivisions est ce que l'on appelle *budget* dans SACADMIN.

6.1.2.1.1   Création

Lors de la création d'un budget, l'utilisateur est amené à choisir un centre ou une unité, un compte, une date de début, une date de fin, un montant et (éventuellement) un commentaire. Il est possible de créer des budgets se chevauchant (cf. 4.2.5 p.13) mais il est impossible de créer 2 budgets parfaitement identiques.

Lorsqu'il valide ses informations en cliquant sur le bouton *Valider*, quelques tests sont effectués avant la création définitive du budget:

1. Tous les champs doivent être remplis (sauf le commentaire qui est optionnel).

2. Les dates de début et de fin doivent être des dates existantes (y.c. années bisextiles).

3. La date de fin doit être postérieure à la date de début.

Si ces 3 tests sont positifs, le budget est créé et un message de confirmation apparaît. Sinon, un message d'erreur explique où se situe le problème.

6.1.2.1.2   Modification

Le module de modification d'un budget propose deux modes de recherche: un multi-critères et un mono-critère.

Le premier permet de rechercher tous les budgets correspondant aux valeurs entrées dans les critères de recherche suivants:

1. Centre ou unité (seul critère obligatoire)

2. Intervalle pour la date de début

3. Intervalle pour la date de fin

4. Compte concerné

5. Centre ou unité concernée

Par exemple, si seul le premier critère est renseigné (valeur: *centre*), le logiciel affiche tous les budgets relevant d'un centre. L'utilisateur choisit celui qui l'intéresse et peut alors le modifier. Notons que tous les champs sont modifiables (sauf l'*id*) mais qu'il n'est pas possible de transférer un budget d'un centre sur une unité. Par exemple, un budget relevant du centre *Saconnex* pourra être modifié pour être affecté au centre *Feuillasses*, mais ne pourra pas être modifié pour être affecté à l'unité *Saconnex*. Cette précaution permet d'éviter des doublons au niveau des *id*.

Le second mode de recherche permet à l'utilisateur d'arriver directement au budget qu'il recherche, s'il connaît son *id*. en sélectionnant *centre* ou *unité* et en choisissant l'*id* voulu, il arrive directement à l'écran de modification. Cette recherche multi-critères est donc plus rapide mais nécessite la connaissance de l'*id*, ce qui n'est pas systématique.

6.1.2.1.3 Suppression

La suppression d'un budget s'appuie sur les mêmes outils de recherche que la modification. L'utilisateur peut choisir entre recherche multi- ou mono-critère pour afficher les détails du budget qu'il souhaite supprimer.

Notons une information intéressante pour ce module: l'affichage du détail d'un budget montre (entre autres) le nombre de transactions attachées à ce budget. Etant donné que la suppression d'un budget entraîne la suppression en cascade de toutes les transactions qui y sont attachées, cette information permet d'éviter la perte involontaire d'un certain nombre de dépenses et recettes. Ainsi, si un budget a été créé à double, il est facile de voir lequel des deux est déjà attaché à des transactions et, par conséquent, ne doit pas être détruit.

6.1.2.2 Transactions (entrées / sorties)

6.1.2.2.1 Création

Lors de la création d'une dépense[6], l'utilisateur va enregistrer un centre ou une unité, le compte, la date, le montant et (éventuellement) un commentaire. Notons que, pour chaque transaction, l'utilisateur a la possibilité d'enregistrer en même temps une recette ET une dépense (qui seront stockées dans la base sous forme de deux enregistrements distincts).

En fonction de ces informations, SACADMIN recherche tous les budgets pouvant absorber cette transaction et les affiche. L'utilisateur choisit le bon et valide; un message de confirmation apparaît avec un résumé des informations.

---

6 Nous avons principalement affaire à des dépenses. Cependant, les explications données dans ce chapitre se rapportent implicitement autant aux dépenses qu'aux recettes.

> Dans une utilisation « normale », il est probable que SACADMIN n'affichera qu'un seul budget possible pour une transaction. Si plusieurs budgets apparaissent à cette étape, cela signifie vraisemblablement qu'une erreur a été commise lors de la création des budgets. L'utilisateur devrait alors vérifier la liste des budgets créés et effectuer les modifications nécessaires.

6.1.2.2.2   Recherche / suppression

L'utilisateur peut être amené à rechercher une transaction, sans forcément savoir à quel budget elle se rattache. Dans ce cas, il n'est pas pratique d'utiliser le module de création de rapports (cf. 6.1.2.3) et il est donc nécessaire de disposer d'un moteur de recherche pour les transactions. Ainsi, dans ce module, l'utilisateur a la possibilité d'effectuer ses recherches au moyen de deux outils distincts. Le premier, multi-critères, dispose des options de recherche suivantes:

1. Centre ou unité (seul critère obligatoire)

2. Intervalle de temps pour la date de la transaction

3. Montant de la transaction (intervalle) et type (recette ou dépense)

4. Numéro de compte

5. Centre ou unité concernée

6. Commentaire

L'option de recherche par commentaire permettra, par exemple, de rechercher toutes les transactions concernant les achats de Noël, en tapant *Noël*. Le logiciel recherche en effet dans la base tous les enregistrements contenant la chaîne entrée par l'utilisateur (instruction *LIKE*). Pour que cette méthode de recherche soit efficace, il est primordial de toujours enregistrer les transactions avec un commentaire qui, de fait, fait plus office de libellé quasi-obligatoire que de commentaire optionnel.

Le second, mono-critère, permet d'afficher immédiatement la transaction recherchée, à condition de connaître son ID.

Ces moteurs de recherche peuvent être utilisés dans deux optiques différentes:

1. Supprimer une transaction (valeurs erronées,...)

2. Afficher une ou plusieurs transactions correspondant à un certain nombre de critères

6.1.2.3 Rapports

Pour afficher un rapport sur un budget (liste de toutes les recettes et dépenses d'un budget et état de ce budget), l'utilisateur doit absolument connaître l'*id* de ce budget car seul le mode de recherche mono-critère a été implémenté ici.

L'affichage par défaut est au format *html* mais, une fois le rapport généré, il peut être exporté aux formats *csv* (pour un affichage dans Excel ou Calc d'OpenOffice, par exemple) ou *pdf*. De plus, les transactions peuvent être triées par id, par date, par montant ou par commentaire.

Pour les formats *html* et *pdf*, le tableau présente la totalité des transactions, le total de ces transactions et l'état du budget (excédent ou déficit), avec un code couleur pour rendre le tableau plus visuel (négatif en rouge et positif en vert). Le fichier *pdf* est généré à la volée grâce à la classe *fpdf*.

Pour le format *csv*, l'affichage est épuré et ne contient que les transactions, pour que l'utilisateur puisse facilement créer ses propres statistiques et modèles d'affichage dans son tableur.

6.2 Navigation

L'accès à SACADMIN commence par un écran de connexion. Si l'utilisateur s'est correctement authentifié, il accède au menu principal lui permettant de choisir entre *Administration* et *Finances*.

Où qu'il se trouve dans le logiciel, il peut toujours naviguer grâce à la bannière supérieure, qui lui permet facilement de remonter dans l'arborescence. Par exemple, s'il se trouve dans le module *Gestion des comptes*, il a la possibilité de remonter facilement d'un niveau (=> *Administration*) ou de deux niveaux (=> Menu principal).

Il peut aussi à tout moment fermer sa session en cliquant sur *Logout*. Cependant, la seule façon de se déconnecter de façon totalement hermétique est de fermer toutes les fenêtres de son navigateur.

Notons qu'il est déconseillé d'utiliser les fonctions *Back* et *Forward* du navigateur. En effet, la plupart des informations qui transitent de page en page (comme les données d'un formulaire) utilisent la méthode POST. De fait, si l'utilisateur utilise ces fonctions, son navigateur lui demandera s'il souhaite recharger les données POST. Outre le fait que la navigation en est rendue moins fluide, il court également le risque de répéter plusieurs fois les mêmes actions (création à double d'une transaction, par exemple).

6.3 Printscreens

6.3.1 Menus

ECRAN DE CONNEXION

Login: _____
Mot de passe: _____

CONNEXION

Ce programme est optimisé pour Mozilla Firefox 1.5

Il se peut que son aspect graphique soit très différent sur d'autres navigateurs (Internet Explorer notamment)

Pour vous procurer gratuitement Mozilla Firefox:

www.getfirefox.com

Image 4: Ecran de connexion

User connecté: [test] -- LOGOUT
mercredi 5 juillet 2006

Bienvenue sur SACADMIN
Veuillez choisir un module ci-dessous

* Administration
* Finances

Image 5: Menu principal

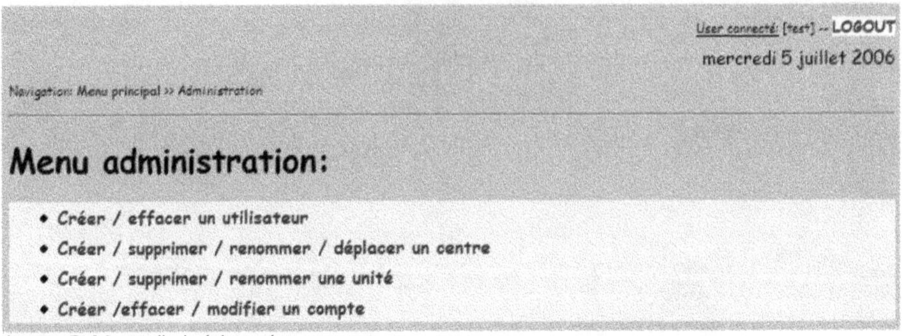

Menu administration:

- Créer / effacer un utilisateur
- Créer / supprimer / renommer / déplacer un centre
- Créer / supprimer / renommer une unité
- Créer /effacer / modifier un compte

Image 6: Menu d'administration

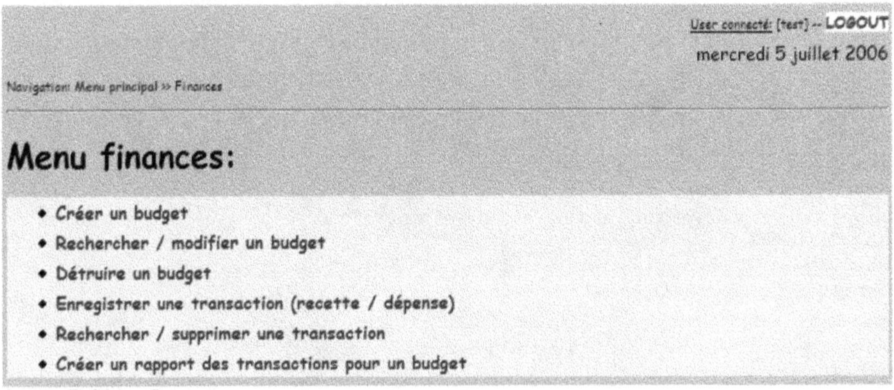

Menu finances:

- Créer un budget
- Rechercher / modifier un budget
- Détruire un budget
- Enregistrer une transaction (recette / dépense)
- Rechercher / supprimer une transaction
- Créer un rapport des transactions pour un budget

Image 7: Menu finances

6.3.2   Administration

Navigation: Menu principal >> Administration >> Gestion des centres

Gestion des centres

➤ Créer un nouveau centre:

Nom du nouveau centre: [........................] à créer dans l'unité [Faites votre choix... ▾]
[CREER]

➤ Détruire un centre:

ATTENTION: la destruction d'un centre entraîne automatiquement la destruction de tous les budgets qui lui sont attachés.
Dès lors qu'un centre a été détruit, il sera impossible de le récupérer (de même que les budgets de ce centre).
[Faites votre choix... ▾]
[DETRUIRE]

➤ Renommer un centre

Veuillez sélectionner un centre ci-dessous et entrer son nouveau nom dans la zone de texte
[Faites votre choix... ▾] [.................................]
[RENOMMER]

➤ Deplacer un centre

Veuillez sélectionner un centre ci-dessous ainsi que sa nouvelle unité
Le centre [Faites votre choix... ▾] doit être déplacé dans l'unité: [Faites votre choix... ▾]
[DEPLACER]

Image 8: Gestion des centres

Navigation: Menu principal >> Administration >> Gestion des unités

Gestion des unités

► Créer une nouvelle unité:

Nom de la nouvelle unité: [............................]

CRÉER

► Détruire une unité:

ATTENTION: la destruction d'une unité entraîne automatiquement la destruction de tous les centres et de tous les budgets qui lui appartiennent.
Dès lors qu'une unité a été détruite, il sera impossible de la récupérer (de même que ses centres et ses budgets).

Faites votre choix... ▼

DÉTRUIRE

► Renommer une unité

Veuillez sélectionner une unité ci-dessous et entrer son nouveau nom dans la zone de texte
Notez que si des centres sont attachés à l'unité que vous souhaitez renommer, le lien entre eux sera mis à jour

Faites votre choix... ▼ Nouveau nom: [............................]

RENOMMER

Image 9: Gestion des unités

Navigation: Menu principal >> Administration >> Gestion des comptes

Gestion des comptes

➤ **Créer un nouveau compte:**

Numéro du nouveau compte: [............................]
Nom du nouveau compte: [............................]

CRÉER

➤ **Détruire un compte:**

ATTENTION: la destruction d'un compte entraîne automatiquement la destruction de tous les budgets qui lui sont attachés.
Dès lors qu'un compte a été détruit, il sera impossible de le récupérer (de même que les budgets de ce compte).

Faites votre choix...   ▼

DÉTRUIRE

➤ **Renommer un compte**

Veuillez sélectionner un compte ci-dessous et entrer son nouveau nom dans la zone de texte
Notez que si des budgets sont attachés au compte que vous souhaitez renommer, le lien entre eux sera mis à jour

Faites votre choix...   ▼ Nouveau nom: [............................]

RENOMMER

Image 10: Gestion des comptes

6.3.3 Finances

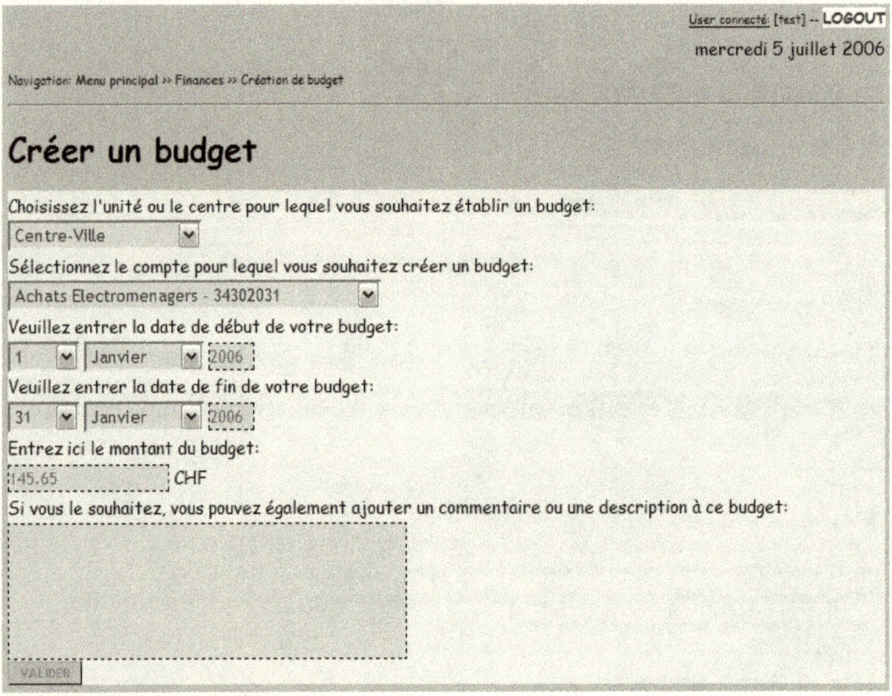
User connecté: [test] -- LOGOUT
mercredi 5 juillet 2006
Navigation: Menu principal » Finances » Création de budget
Créer un budget
Choisissez l'unité ou le centre pour lequel vous souhaitez établir un budget:
Centre-Ville
Sélectionnez le compte pour lequel vous souhaitez créer un budget:
Achats Electromenagers - 34302031
Veuillez entrer la date de début de votre budget:
1 Janvier 2006
Veuillez entrer la date de fin de votre budget:
31 Janvier 2006
Entrez ici le montant du budget:
145.65 CHF
Si vous le souhaitez, vous pouvez également ajouter un commentaire ou une description à ce budget:
VALIDER

Image 11: Création de budget

√ Le budget a été correctement inséré   -- LOGOUT
illet 2006

Vous avez créé un budget pour : **Centre-Ville (Unite)**

Pour le compte: **34302031 (Achats Electromenagers)**

D'un montant de: **145.65 CHF**

Entre le **01.01.2006** (inclus) et le **31.01.2006** (inclus). Soit un total de 31 jours (donc une moyenne de 4.7 CHF par jour)

Commentaire (éventuel):

Pour créer un nouveau budget, **cliquez ici**

Image 12: Création de budget: validation

Enregistrer un mouvement de caisse:

Choisissez l'unité ou le centre pour lequel vous souhaitez enregistrer un mouvement:

| Centre-Ville ▾ |

Sélectionnez le compte auquel se rapporte votre mouvement:

| Achats Electromenagers - 34302031 ▾ |

Veuillez entrer la date de la transaction:

| 4 ▾ | Janvier ▾ | 2006 |

Entrez ici la valeur (dépense) de cette transaction: 24.5 CHF

Entrez ici la valeur (recette) de cette transaction: CHF

Si vous le souhaitez, vous pouvez également ajouter un commentaire ou une description à cette transaction:

Achat câbles + prises pour nouvelle cuisinière

VALIDER

Image 13: Enregistrement d'un mouvement de caisse

Navigation: Menu principal >> Finances >> Enregistrement de mouvement de caisse

➤ Sélection du budget relatif à votre transaction

Voici le ou les budgets qui peuvent correspondre à votre mouvement de caisse.

Veuillez choisir le bon et cliquer sur le bouton *Valider*

○ ID du budget: 41

Nom de l'unité: Centre-Ville

No du Compte: 34302031

du dimanche 1er janvier 2006 au mardi 31 janvier 2006

Commentaire (éventuel):

Pour rappel

ATTENTION: les champs ci-dessous sont protégés contre l'écriture uniquement si javascript est activé dans votre navigateur

Nom de l'unité:	Centre-Ville
Date *(aaaa-mm-jj)*:	2006-01-04
Montant dépense:	24.5 CHF
Montant recette:	0 CHF
Nº de compte:	34302031
Commentaire (éventuel):	Achat câbles + prises pour nouvelle cuisinière

VALIDER

Image 14: Enregistrement d'un mouvement de caisse: sélection du budget récepteur

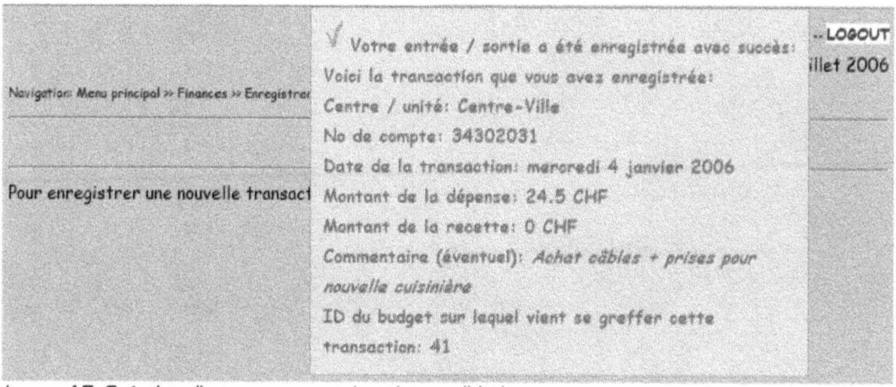

Navigation: Menu principal >> Finances >> Enregistrer

Pour enregistrer une nouvelle transact

√ Votre entrée / sortie a été enregistrée avec succès:

Voici la transaction que vous avez enregistrée:

Centre / unité: Centre-Ville

No de compte: 34302031

Date de la transaction: mercredi 4 janvier 2006

Montant de la dépense: 24.5 CHF

Montant de la recette: 0 CHF

Commentaire (éventuel): *Achat câbles + prises pour nouvelle cuisinière*

ID du budget sur lequel vient se greffer cette transaction: 41

.. LOGOUT

illet 2006

Image 15: Création d'un mouvement de caisse: validation

mercredi 5 juillet 2006

Navigation: Menu principal >> Finances >> Modification d'un budget

Modification d'un budget

Vous pouvez soit entrer des critères pour rechercher un budget, soit entrer directement (en-dessous) l'ID du budget que vous souhaiter modifier

Il est cependant déconseillé de déplacer un budget d'un centre vers une unité ou d'une unité vers un centre car il pourrait se produire des conflits au niveau de l'ID

Si vous souhaitez néanmoins effectuer cette opération, il peut être préférable de détruire le budget concerné, puis de le recréer

➤ **Veuillez entrer ci-dessous les critères de recherche**

Veuillez choisir centre ou unité: (seul critère obligatoire)

⦿ **Centre**

◯ **Unité**

Veuillez choisir un intervalle pour la date de début du budget:

Entre le | 1 ▾ | Janvier ▾ | 1990 | et le | 31 ▾ | Décembre ▾ | 2010 |

Veuillez choisir un intervalle pour la date de fin du budget:

Entre le | 1 ▾ | Janvier ▾ | 1990 | et le | 31 ▾ | Décembre ▾ | 2010 |

Veuillez choisir le compte:

| Faites votre choix... ▾ |

Veuillez choisir le centre ou l'unité recherchée:

| Faites votre choix... ▾ |

[VALIDER]

➤ **Veuillez entrer l'ID du budget que vous souhaiter modifier, et choisir s'il s'agit d'un centre ou d'une unité:**

⦿ **Centre**

◯ **Unité**

ID du budget: [................................]

[VALIDER]

Image 16: Recherche / modification de budget: sélection des critères de recherche

Navigation: Menu principal >> Finances >> Modification d'un budget

Modification d'un budget

Pour rappel, votre requête est basée sur les éléments suivants:

Centre: *Non précisé*

N° de compte: *Non précisé*

Date de début comprise entre le lundi 1er janvier 1990 et le vendredi 31 décembre 2010

Date de fin comprise entre le lundi 1er janvier 1990 et le vendredi 31 décembre 2010

Retour aux critères de sélection

○ ID du budget: 1

Centre / unité: *centre*

Nom: *Aeroport*

Compte: *34302031*

Date de début: *samedi 1er janvier 2000*

Date de fin: *dimanche 31 décembre 2000*

Montant du budget: *12342* CHF

Commentaire (éventuel):

Nombre de transactions attachées à ce budget: *0*

○ ID du budget: 8

Centre / unité: *centre*

Nom: *Aeroport*

Compte: *34302031*

Date de début: *samedi 1er janvier 2000*

Date de fin: *dimanche 31 décembre 2000*

Montant du budget: *1333* CHF

Commentaire (éventuel):

Nombre de transactions attachées à ce budget: *0*

VALIDER

Retour aux critères de sélection

Image 17: Recherche / modification de budget: affichage de tous les budgets répondant aux critères

Navigation: Menu principal -- Finances -- Création d'un rapport budgétaire

Création d'un rapport des transactions d'un budget

Voici un rapport des transactions affectées au budget n°28 (unité: Centre-Ville / compte: 34302031)

Le montant initial de ce budget est: 23 CHF

Il y a 18 transactions pour ce budget.

Retour aux critères de sélection

ID	Date	Montant (CHF)	Commentaire
CLASSER PAR ID	CLASSER PAR DATE	CLASSER PAR MONTANT	CLASSER PAR COMMENTAIRE
7	5-1-2000	-7854	
8	5-1-2000	45	
11	2-2-2000	-98	
12	2-2-2000		
13	2-4-2000	-79	
14	2-4-2000	67.8	
1	3-4-2000	-43	
2	3-4-2000	8	
17	6-4-2000	-767	
18	6-4-2000	76.45	
9	3-5-2000	-87	
10	3-5-2000	5	
5	3-6-2000	-96	
6	3-6-2000	34	
3	9-8-2000	-123	
4	9-8-2000	9876	
15	2-11-2000	-9	
16	2-11-2000	-4.55	
	TOTAL	1167.8	Total des dépenses et recettes
	TOTAL	1190.8	Balance du budget courant

Retour aux critères de sélection

EXPORTER EN CSV --> A lire avec un tableur de type Excel ou Calc (d'OpenOffice.org), ou avec un éditeur de texte simple, de type NotePad

EXPORTER EN PDF --> A lire avec Adobe Acrobat, ou tout autre pdfviewer

Image 18: Affichage d'un rapport

7 Améliorations envisageables

Ci-dessous, nous listons différentes améliorations possibles pour les éventuelles versions ultérieures de SACADMIN

7.1 Améliorations fonctionnelles

7.1.1 Amélioration des modules existants

A l'heure actuelle, SACADMIN permet de générer des rapports pour des budgets, mais pas pour des méta-budgets. Ainsi, si le gestionnaire budgétaire a découpé un méta-budget en 12 budgets mensuels, le rapporteur doit créer 12 rapports différents. S'il souhaite les regrouper en un seul document, il doit les exporter les 12 en *csv* et effectuer la jointure lui-même.

Dans une prochaine version, un module de génération de rapports pour les méta-budgets pourrait être ajouté. Etant donné que la notion même de méta-budget n'existe pas pour SACADMIN, il faudrait demander à l'utilisateur de sélectionner les budgets qu'il souhait agréger pour établir son rapport.

7.1.2 Modules supplémentaires

Le module budgétaire a été réalisé en premier car il répondait à un besoin relativement urgent et important. Cependant, de nombreux autres modules pourraient également être implémentés. Parmi ceux-ci, citons la gestion des compétences des résidents.

La raison d'être de ce module vient de la volonté d'impliquer au maximum les requérants dans la vie du centre, tout en exploitant au maximum leurs compétences respectives. Ainsi, si un tel a une formation de peintre, il pourrait prendre en charge les travaux de peinture à l'intérieur du foyer, ou dispenser des formations à d'autres résidents. Pour l'instant, la gestion de la connaissance des compétences ne repose sur aucune base solide et est donc relativement aléatoire. Un nouveau module de SACADMIN pourrait permettre la création de profils et niveaux de compétences et offrir la possibilité d'effectuer des recherches multi-critères.

D'autres modules intéressants mais moins indispensables pourraient aider à la gestion du matériel, des clés, des espaces,...

7.2   Améliorations dans le code

7.2.1   Confidentialité

Malgré le cryptage des mots de passe dans la base de données, il est primordial que les utilisateurs choisissent des mots de passe relativement longs et mélangeant lettres, chiffres, caractères spéciaux,... En effet, l'algorithme de cryptage utilisé (md5) n'est plus considéré comme un algorithme totalement sûr:

1.   Des chercheurs ont démontré que cet algorithme comporte des failles. Il est ainsi possible de créer des chaînes différentes qui ont le même hash md5.

2.   Il existe, sur Internet, des sites proposant des tables inverses permettant de traduire en clair certaines valeurs d'un hash md5, certains prétendant posséder plus de 70 millions d'entrées.

Il serait évidemment possible de migrer vers un système de cryptage plus moderne (SHA-1, par exemple), mais le problème ne serait alors que déplacé. En effet, quel que soit l'algorithme utilisé, il existera des tables inverses construites au moyen de la méthode *brute force* (faille n°2). Et comme la faille n°1 ne concerne pas la sécurité des mots de passe[7], nous nous permettons de conserver l'algorithme md5 qui est tout de même considéré comme extrêmement sûr pour ce type d'applications.

7.2.2   Appel des fonctions d'affichage

Il existe un fichier *affichage.php* qui regroupe toutes les fonctions permettant l'affichage des formulaires, des en-têtes de pages,... Certaines fonctions affichant un formulaire sont presque des copies conformes d'autres. La seule différence réside généralement dans la page qui est appelée lors de la soumission du formulaire. Ceci est dû au fait que ces fonctions sont appelées sans paramètre et qu'il est donc indispensable d'avoir une fonction différente pour chaque cas. Par exemple, les fonction *afficheCriteresSelectBudget()* possède le même code que la fonction *afficheCriteresDestructBudget()*, hormis le fait que la première pointe vers le fichier *finances_modifierBudget.php* et que la seconde pointe vers *finances_detruireBudget.php*. Dans une optique de réutilisabilité du code, il serait intéressant de regrouper ces fonctions en une seule, avec un paramètre définissant la page à laquelle il faut envoyer les données POST ou GET.

---

7   En effet, elle permet de créer un document ayant la même somme md5 qu'un autre, mais ne permet pas de retrouver la valeur claire d'un hash sans utiliser la méthode *brute force*.

7.2.3 Centre / unité

Etant donné que les centres et les unités sont stockés dans des tables différentes, il n'est pas possible d'utiliser exactement la même requête SQL, selon que celle-ci concerne un centre ou une unité. Par conséquent, certaines fonctions ont été écrites à double, comme *existeBudgetCentre($nomCentre, $noCompte, $date)* et *existeBudgetUnite($nomUnite, $noCompte, $date)* qui déterminent s'il existe un budget pour une transaction passée en paramètre, respectivement dans les budgets-centres et pour les budgets-unités. Grâce à cette façon de faire, le code de chaque fonction est très simplifié mais, si une modification doit être faite dans la requête ou dans la présentation du formulaire, il est nécessaire de la répéter dans chaque fonction. De plus, un test doit être effectué avant l'appel de la fonction pour déterminer laquelle des deux fonctions est concernée. Il serait donc intéressant de remplacer ces deux fonctions par une unique fonction *existeBudget($nomLieu, $noCompte, $date)* et d'inclure, avant la requête SQL, un test déterminant si *$nomLieu* se rapporte à un centre ou à une unité. Le désavantage d'une telle technique est que la fonction devient plus complexe car il faut également gérer le cas où un centre et une unité porteraient le même nom. C'est principalement pour cette raison que la méthode initiale a été conservée dans ce cas.

Cependant, pour les fonctions pour lesquelles la complexité n'en était pas significativement augmentée, la méthode de regroupement de fonction a été préférée. Dans ces cas, nous faisons appel à la fonction *centreOuUnite($aVerifier)* qui retourne la string *Centre* ou *Unite*, selon l'appartenance du paramètre *$aVerifier*.

8 Environnement informatique utilisé

8.1 Apache 2

Apache est un serveur HTTP libre produit par la *Apache Software Foundation*. Il est conçu pour supporter de nombreux modules, comme Perl, PHP, Python,... Il peut être utilisé comme serveur web, mais également en local, pour le développement d'une application. Dans ce cas, il faut utiliser l'adresse *localhost*, généralement *127.0.0.1* pour y accéder.

http://www.apache.org

8.2 MySQL 5

MySQL est un système de gestion de bases de données (SGBD) libre diffusé sous deux licences, en fonction de l'utilisation qui en sera faite: si MySQL est utilisé dans une optique commerciale, la licence est payante; dans le cas contraire, elle est gratuite.

La version 5 est la première version de MySQL à supporter les triggers et les procédures embarquées, mais de manière assez sommaire (un trigger ne peut faire appel qu'à une seule table à la fois, pas de possibilité de combiner plusieurs évènements, pas de clause WHEN,...). Toutes les carences en la matière rendent pour l'instant l'utilisation des triggers très inefficace. Par conséquent, ni les triggers ni les procédures embarquées n'ont été utilisées dans le cadre de ce travail. A la place, des pseudo-triggers ont été programmés directement dans le code php (mise à jour de deux tables suite à une unique action, vérifications sur différentes tables avant une insertion ou une modification,...).

Exemples de gros sites utilisant MySQL: Nasa, Yahoo, Alcatel, Wikipedia...

http://www.mysql.com

8.3 php 5

Php est un langage de script libre principalement utilisé pour être utilisé par un serveur HTTP. Tout comme Java, c'est un langage interprété (et non compilé) ce qui le rend extrêmement portable; cependant, cette propriété le rend également plus lent. Le code est exclusivement interprété côté serveur, ce qui permet à n'importe quelle machine cliente disposant d'un navigateur web d'accéder à un site ou à une application écrite en php. Un autre énorme avantage de php est sa capacité à communiquer nativement avec des bases de données de types divers (MySQL, PostgreSQL, Oracle,...).

Langage procédural au départ, il dispose, depuis la version 5, de toutes les fonctionnalités du modèle objet.

http://www.php.net

8.4   phpMyAdmin 2.8

phpMyAdmin est une interface pour la gestion de bases de données MySQL écrite en php et distribuée sous une licence GNU/GPL. Il s'agit de l'une des interfaces les plus utilisées au monde, étant donné que de nombreux hébergeurs gratuits et payants la proposent. Se présentant dans une interface web, elle n'est pas aussi graphique que des outils comme *MySQL query browser* (pas de menus déroulants, pas de clic-droits,...), mais elle est très conviviale et intuitive, ce qui permet à des utilisateurs novices d'effectuer facilement des requêtes simples, des exports,... De plus, elle peut être appelée directement depuis un hyperlien, ou même stockée dans les favoris d'un navigateur. Dans le cadre de ce travail, phpMyAdmin a beaucoup été utilisé comme outil de contrôle. En effet, il permet de vérifier directement dans les tables si les instructions passées par SACADMIN ont bien l'effet voulu (création ou suppression d'un objet, modification,...).

http://www.phpmyadmin.net

8.5   Javascript

Le javascript est un langage de programmation orienté web, intégré dans des pages Internet ou des applications de type web et intégralement interprété, côté client, par le navigateur. Il permet généralement de contrôler les données entrées dans un formulaire avant qu'elles ne soient envoyées au serveur, mais est également utilisé pour permettre des affichages graphiques plus évolués qu'avec du pur html (horloge, par exemple) et sans passer par des technologies de type Flash. Son avantage (interprétation côté client et donc grande rapidité d'exécution) est, comme d'habitude, également sa faiblesse. En effet, pour des raisons de sécurité, Javascript peut être désactivé d'un navigateur. Il est donc indispensable, si l'on souhaite penser le développement d'une application web pour le maximum de clients possibles, de prévoir des portes de sortie pour les utilisateurs l'ayant désactivé. De plus, Netscape et Microsoft ont développé leur propre version de javascript, très proches de la norme officielle (*ECMAScript*) mais offrant tout de même des fonctionnalités non compatibles. Un code javascript peut donc très bien marcher dans un navigateur et produire un résultat bien différent dans un autre.

L'utilisation du javascript a donc été réduite à son minimum pour le développement de SACADMIN. En effet, s'il permet un confort accru pour l'utilisateur, il peut être handicapant pour les utilisateurs l'ayant désactivé. Pour assurer la plus grande portabilité possible, les rares commandes javascript insérées dans SACADMIN apportent des aides mais ne sont nullement obligatoires pour l'affichage d'une page ou la réalisation d'une action. Le choix de se passer au maximum de cette technologie entraîne une plus forte surcharge du réseau et du serveur car tous les tests sur les valeurs insérées par l'utilisateur sont effectués côté serveur: même si des données totalement farfelues sont entrées, un flux est envoyé au serveur puis retourné au client alors que, si les tests étaient faits au moyen de javascripts, aucun flux ne serait envoyé tant que les données ne sont pas correctes. En revanche, le CPU du client n'est pas surchargé par ces tests, ce qui permet d'envisager l'utilisation de SACADMIN sans prétériter les postes lents ou anciens.

Le codage a cependant été pensé pour résoudre ces problèmes. Ainsi, pour éviter qu'un utilisateur n'envoie des informations totalement improbables, les formulaires proposent, chaque fois que c'est possible, des listes de choix (et non pas des champs de texte libre).

http://www.javascriptfr.com

9 Références

9.1 Bibliographie

9.1.1 Modélisation

Cockburn Alistair, *Writing effective use cases*, Addison-Wesley, Indianapolis, 2002

Léonard Michel, *Modélisation de systèmes d'information (Version provisoire)*, Université de Genève, Département de Systèmes d'Information, 2002

Morley Chantal, Hugues Jean, Leblanc Bernard, *UML pour l'analyse d'un système d'information. Le cahier des charges du maître d'ouvrage*, Dunod, Paris, 2002

Muller Pierre-Alain, *Modélisation objet avec UML*, Eyrolles, Paris, 1997

9.1.2 Open source

Viseur Robert, *La dynamique open source, fiche 132*, Service d'économie et de gestion des entreprises, source: www.logiciellibre.net/download/fiche132.pdf

9.2 Webographie

9.2.1 Général

http://fsffrance.org: The Free Software Foundation - France

http://wikipedia.org: L'encyclopédie libre

http://www.april.org: Association pour la Promotion et la Recherche en Informatique Libre

http://www.developpez.com: Club d'entraide des développeurs francophones

http://www.fsf.org: The Free Software Foundation

9.2.2 Open source

http://enacit1.epfl.ch/logiciel_libre: Stratégie relative au logiciel libre dans l'espace ENAC-IT1 (EPFL)

http://fsffrance.org: The Free Software Foundation - France

http://www.april.org: Association pour la Promotion et la Recherche en Informatique Libre

http://www.framasoft.net: Articles, annuaires, tests, tutoriels,... concernant des logiciels libres

http://www.fsf.org: The Free Software Foundation

http://www.gnu.org : Le site du projet GNU

http://www.logiciellibre.net: Première ressource francophone sur l'économie des logiciels libres

9.2.3 Outils et langages utilisés: sites de référence

http://fabforce.net: l'entreprise développant et distribuant (sous licence GPL) l'outil de modélisation de bases de données DBDesigner
http://www.apache.org: le serveur http le plus utilisé actuellement
http://www.mysql.com: le SGBD libre le plus utilisé actuellement

http://www.openoffice.org: la suite bureautique libre présentant actuellement la meilleure alternative à Microsoft Office, mais avec une compatibilité inter-systèmes bien plus importante. Le présent rapport a été conçu avec le module *Writer* d'open office 2.0

http://www.php.net: php, le langage de programmation utilisé pour SACADMIN

http://www.phpmyadmin.net: l'une des interfaces de gestion de bases de données MySQL les plus utilisées

9.2.4 Programmation

http://www.developpez.com: Club d'entraide des développeurs francophones

http://www.fpdf.org: Classe php permettant de générer des pdf à la volée à partir de tableaux, de requêtes SQL,... NB: le premier « f » signifie *free*: cette classe peut donc être exploitée et modifiée à volonté

http://www.toutjavascript.com: références sur le javascript

10 Index

10.1 Tableaux

10.2 Images

10.3 Schémas